CB135547

O que as esposas **NÃO** devem fazer

BLANCHE EBBUTT

O que as esposas NÃO devem fazer

Um manual clássico de boas maneiras para um casamento feliz

SEXTANTE

Título original: *Don'ts for Wives*
Publicado originalmente em 1913. Republicado em 2007
por A&C Black Publishers Limited.
Copyright da tradução © 2011 por GMT Editores Ltda.
Todos os direitos reservados. Nenhuma parte deste livro pode ser
utilizada ou reproduzida sob quaisquer meios existentes
sem autorização por escrito dos editores.

tradução: Angélica Lopes

preparo de originais: Alice Dias

revisão: Taís Monteiro e Tereza da Rocha

projeto gráfico e diagramação: Valéria Teixeira

capa: Silvana Mattievich

impressão e acabamento: Lis Gráfica e Editora Ltda.

CIP-BRASIL. CATALOGAÇÃO-NA-FONTE
SINDICATO NACIONAL DOS EDITORES DE LIVROS, RJ

E14o

Ebbutt, Blanche

O que as esposas não devem fazer / Blanche Ebbutt [tradução de Angélica Lopes]; Rio de Janeiro: Sextante, 2011.

56 p.; 14x21cm

Tradução de: Dont's for wives

Obras editadas juntas em sentido contrário com: O que os maridos não devem fazer / Blanche Ebbutt

ISBN 978-85-7542-670-8

1. Casamento - Manuais, guias, etc. 2. Relação homem-mulher - Manuais, guias, etc. 3. Comunicação no casamento. I. Título. II. Título: O que os maridos não devem fazer

CDD: 306.872
11-2810 CDU: 316.811

Todos os direitos reservados, no Brasil, por
GMT Editores Ltda.
Rua Voluntários da Pátria, 45 – Gr. 1.404 – Botafogo
22270-000 – Rio de Janeiro – RJ
Tel.: (21) 2538-4100 – Fax: (21) 2286-9244
E-mail: atendimento@esextante.com.br
www.sextante.com.br

APRESENTAÇÃO

Este livro foi originalmente publicado em 1913, como um manual de conduta para homens e mulheres construírem um casamento harmonioso. Redescoberto quase 100 anos depois, ele causa surpresa ao se mostrar tão atual quanto naquela época.

É claro que os hábitos, o comportamento e os desejos das pessoas sofreram profundas alterações de lá para cá, mas, se pensarmos bem, veremos que os papéis do homem e da mulher na relação a dois não mudaram tanto assim.

Apesar de todas as conquistas das mulheres – a entrada no mercado de trabalho, a revolução sexual, o direito ao voto –, elas nunca deixaram de desempenhar o papel central na dinâmica doméstica.

A diferença é que agora a mulher tem uma dupla jornada e faz malabarismos constantes para conciliar a vida profissional e a familiar. Por sorte, hoje em dia os homens estão mais prestativos e até dão uma mãozinha de vez em quando, lavando a louça ou entretendo as crianças, mas a responsabilidade de manter a casa limpa e a comida na mesa ainda é dela.

Em outras palavras, não somos tão diferentes de nossas avós quanto imaginávamos.

Observando a lista do que a mulher *não* deve fazer para que se mantenha a paz dentro de casa, encontramos dicas que poderiam muito bem ter saído de qualquer guia moderno: não ser desleixada com a aparência, evitar brigas bobas, não esquecer que um homem é conquistado pelo estômago, não ficar emburrada à toa, não deixar que os filhos roubem o tempo que deve ser dedicado ao marido, etc.

O divertido é pensar em como as questões podem nos ajudar a avaliar nosso desempenho como esposas. Afinal, desde que o mundo é mundo, os desejos e as reclamações de homens e mulheres repetem mais ou menos o mesmo padrão: eles são bagunceiros, exigentes e querem atenção exclusiva; elas se sentem pressionadas e gostariam de receber um pouco mais de carinho.

Parece que certas coisas não vão mudar nunca.

É claro que nem tudo o que está escrito aqui pode ser aplicado literalmente à sua vida, afinal, queimar a comida ou esquecer de pregar um botão já não são considerados crimes tão graves. Mas reflita sobre estas dicas e pense em como a sabedoria do passado pode ajudá-la a construir uma relação melhor com seu marido.

A base dos ensinamentos reunidos neste livro é atemporal: para um casamento dar certo, são necessárias doses iguais de amor, respeito, companheirismo e cuidado. Era assim no tempo de nossos avós e será assim na época de nossos netos.

Aproveite as dicas, divirta-se e boa sorte!

PREFÁCIO

Ser uma boa esposa é uma verdadeira arte. Muitas mulheres se esforçam para conseguir um marido sem saber que, em comparação com a vida a dois, essa é até uma tarefa fácil. O que faz de uma esposa realmente uma artista é *continuar* casada – e no mais completo sentido do termo.

Imagine uma garota que não tem nenhuma noção de música e que de repente é convocada a produzir uma, ou melhor, várias notas – na verdade, uma sucessão sem fim de harmonias – a partir do instrumento mais difícil do mundo. Complicado, não é?

E note que o tal instrumento, além de ficar mal-humorado no frio e inquieto na primavera, também se torna rabugento por causa de um sapato apertado e se irrita por motivos que nenhuma mulher sã é capaz de compreender.

A pergunta que você precisa responder antes de dizer o tão sonhado "sim" é: você está disposta a fazer de seu marido o centro e o horizonte de sua vida?

Pense nisso. Espero que você considere que vale a pena aceitar algumas dicas oferecidas por esta mão experiente.

BLANCHE EBBUTT

I. RELAÇÕES PESSOAIS

Não pense que existe substituto satisfatório para o amor entre marido e mulher. Respeito e carinho são importantes, mas não servem de nada sozinhos.

Não se aborreça com os pequenos defeitos de seu marido – aqueles que a divertiam tanto quando vocês eram namorados. Se eles não eram importantes naquela época, não são relevantes agora. Além disso, o que dizer de seus próprios defeitos?

Não espere que a vida seja feita apenas de dias de sol. Afinal, se não houver nuvens, você não vai ter a oportunidade de mostrar ao seu marido quão boa parceira você pode ser.

Não desanime quando a vida parecer difícil. Olhe para a frente, observe o caminho que você está sendo obrigada a seguir e aponte a direção para seu marido.

Não espere que um homem consiga entender sempre o ponto de vista feminino. Tente se colocar no lugar dele também.

Não valorize outras qualidades de seu marido acima da honestidade e do caráter.

Não despreze o bom senso de seu parceiro só porque ele não tem tiradas brilhantes.

É bobagem querer que seu marido tenha todas as virtudes masculinas e as femininas também. Não vai sobrar nada para *você* se sua outra metade for tão completa.

Não fique frustrada se seu marido não for nenhum deus da beleza. A aparência física é algo superficial e, geralmente, os homens mais espertos não são os mais bonitos.

Seja natural com seu marido. Se você não consegue ficar à vontade ao lado dele, não deveria ter se casado.

Não espere que seu parceiro seja um anjo. Você ficaria cansada dele se isso acontecesse.

Não ridicularize a situação financeira, a origem ou a inteligência dele na frente dos seus amigos. Isso é tão feio quanto gabar-se de si mesma.

Não comente com suas amigas sobre as falhas do seu marido, mas...

... por outro lado, evite exaltar as qualidades dele para toda mulher que você conhece. Fique satisfeita em aproveitá-las.

Não seja moralista se precisar reconquistar o amor de seu companheiro. Use todo o seu charme e prepare deliciosos jantares que incluam os pratos preferidos dele.

Seu marido não é menos masculino por ser baixo ou magro. Ou por não ser muito forte. Masculinidade é mais que uma qualidade física. Não seja injusta.

Não julgue seu marido pela avaliação que ele faz de si mesmo, mas pela maneira como você o vê. Ele pode ser modesto demais ou excessivamente presunçoso.

Não aconselhe seu marido em assuntos sobre os quais você sabe menos que ele.

Não tente moldar seu marido de acordo com os maridos das outras mulheres. Deixe que seu companheiro seja ele mesmo e que faça o melhor que sua personalidade permitir.

Não leve seu marido a pensar em você como uma mulher doce e burra. Se você se pegar passando essa imagem, coloque seu cérebro para funcionar. Não deve haver nada que seu marido queira conversar que você não esteja apta a acompanhar.

Não diga que você não entende de política. Todo homem que se preza se interessa por esse assunto e muitos deles passam a desprezar as conversas das mulheres porque sua própria esposa se mostra pouco inteligente.

Não coloque seu marido num pedestal para não ficar triste depois ao descobrir que ele é apenas um homem como outro qualquer.

Não se deixe calar por seu marido quando você quiser expressar suas opiniões. Você tem o direito de ser ouvida.

Não seja indelicada com as pessoas de que você não gosta, ou seu marido vai ficar envergonhado de você. Ter educação não custa nada.

Não espere conhecer seu marido por dentro e por fora em apenas um mês de casamento. Você vai passar um longo tempo fazendo descobertas sobre ele. Vá arquivando todas as informações para usar como referência no futuro.

Não se desligue do mundo se vocês vivem numa área rural. Algumas mulheres podem gostar de agir como gado, mas não é necessário ficar estagnada. Mantenha o corpo e a mente em movimento.

Não consinta em ser tratada como uma criança que não pode suportar nenhuma responsabilidade. Insista em ouvir tanto as notícias boas quanto as ruins. Você não se casou para ser colocada numa redoma, e sim para ser companheira de seu marido na alegria e na tristeza.

Não se esqueça de elogiar seu marido. Se ele ficou bonito com a roupa que colocou para ir à ópera, deixe-o saber disso. Se tem cuidado bem do jardim ou produzido belas fotografias, parabenize-o. Não permita que a autoestima dele fique baixa por falta de incentivo.

Não se comporte como uma criatura indefesa que não pode fazer nada sozinha. Não peça ajuda ao seu marido para as mínimas coisas. É verdade que a esposa frágil geralmente é a preferida, mas também é a mais entediante.

Não se esqueça de desejar um bom dia para o seu marido quando ele estiver de saída para o escritório. Ele vai sentir esse beijo de despedida durante todo o dia de trabalho.

Se você se casou por dinheiro, prestígio ou status, não fique surpresa se conseguir *apenas* dinheiro, prestígio ou status. O amor não pode ser comprado.

Por outro lado, se você casou apaixonada, não se iluda achando que nunca vai conhecer a infelicidade. A vida não é um mar de rosas, mas o amor vai ajudá-los a tirar os espinhos.

Não se esqueça de que seu marido não tem o direito de controlar sua individualidade.

Evite se fechar demais, pois é aí que mora a loucura. Ao se flagrar fazendo isso, tire um dia para si mesma, para aproveitar a vida da melhor maneira possível. Saia com uma amiga; vá assistir a uma comédia ou fazer compras – qualquer coisa que a afaste de seus pensamentos. Corte o hábito da solidão antes que ela tome conta de você.

Mas não pare por aí. Grande parte do ressentimento e do mau humor nasce das pequenas coisas. Uma mulher magoada não se preocupa nem mesmo com a própria alimentação quando o marido está fora e acaba sem fazer uma refeição decente durante todo o dia. No máximo, come um pão com manteiga, um doce ou toma uma xícara de chá. Ou, ainda, exagera no consumo de carne. Duas ou três porções de carne por dia fazem com que o mundo pareça terrível para uma mulher na meia-idade.

II. COMO EVITAR A DISCÓRDIA

Não espere conquistar a perfeita harmonia conjugal logo após a lua de mel. A essa altura, vocês ainda não aprenderam as manias um do outro.

Não espere que todo o amor venha de seu marido. O sentimento dele vai se desgastar por falta de reciprocidade.

Evite brigas. Lembre-se de que quando um não quer, dois não brigam. Discussões entre namorados podem até ser saudáveis, mas no casamento geralmente deixam um sabor amargo. As desavenças não serão sempre uma renovação do amor.

Resista à tentação de dizer "Eu avisei" para seu marido quando você tiver razão. Além de isso não ajudar em nada, ele vai ficar grato por você *não* ter dito.

Não pise no calo de seu marido. Muita gente já faz isso.

Não espere que seu marido se preocupe com sua felicidade enquanto você se mantém passiva. Esforce-se ao máximo para fazê-lo feliz e você se sentirá satisfeita por isso.

Não pressione seu companheiro. Se ele não realiza seus desejos por amor, certamente não vai fazê-lo por sua insistência.

Não fique de cara amarrada se seu marido aborrecê-la por algum motivo. Guarde seu ressentimento para si mesma. Uma esposa rabugenta é pior do que uma temperamental.

Não pense que pode seguir seu próprio caminho e ser tão feliz quanto seria se você e seu marido estivessem lado a lado. Em todos os momentos importantes, vocês precisam caminhar juntos.

Não espere que todo ato de "dar" venha do seu marido e todo "receber", de você.

Desista de uma discussão antes que ela saia do controle. Você provavelmente vai conseguir convencer seu marido de alguma outra maneira mais tarde.

Não manipule seu marido abertamente. É claro que ele pode precisar de algum gerenciamento, mas você não quer que seus amigos o considerem uma marionete. Acima de tudo, nunca o deixe pensar que está sendo manipulado por você. Seja discreta.

Não lave roupa suja em público, mesmo na frente dos amigos mais íntimos. Se há assuntos desagradáveis a serem tratados, cuide para que sejam discutidos na mais completa privacidade.

Nunca vá dormir chateada com seu marido. Se ele a aborreceu durante o dia, perdoe-o e adormeça em paz. "Não deixe que o sol se ponha sobre sua mágoa" é um bom lema.

Não desenterre velhos ressentimentos. Uma vez superado um assunto, trate de esquecê-lo. Ou, pelo menos, nunca mais o mencione.

Não seja orgulhosa demais para tomar a iniciativa de uma reconciliação. Não importa se você acha que a culpa da briga foi dele – dê-lhe uma segunda chance e ele provavelmente vai aproveitá-la. Talvez ele não consiga dar o primeiro passo por medo de ser rejeitado.

Não brigue por coisas sem importância. Se vocês estiverem diante de uma questão que envolva princípios, é diferente, mas a maioria das desavenças em um casamento surge de trivialidades.

Não diga palavras amargas nos momentos de raiva. Elas não machucam apenas na hora e podem ser lembradas muito tempo depois de *você* já ter se esquecido delas.

Não guarde seus melhores sorrisos e suas maiores delicadezas para os outros. Ponha seu marido em primeiro lugar.

Esqueça a crença de que o casamento é uma loteria sobre a qual você não tem controle. Se você e seu marido se casaram por amor, o prêmio já está ganho.

Não deixem de ser amantes só porque se casaram. Enquanto vocês viverem, não há motivo para a lua de mel terminar.

Não tente mandar no seu marido. Ele não vai concordar e você vai acabar tendo problemas. Porém...

... tampouco deixe que ele mande em você. Ceda se os argumentos dele forem razoáveis, mas faça-o perceber que, mesmo que permita ser guiada, você não quer ser comandada.

Não deixe seu marido sentir que você está sempre criticando tudo o que ele faz. Reserve suas críticas para os outros. Isso não quer dizer que você não possa fazer comentários construtivos. Mas procure encontrar um meio-termo entre a bajulação servil e a recriminação constante.

Jamais faça coro com pessoas que zombam de seu marido, mesmo que seja por motivos bobos como o comprimento do bigode ou o corte de cabelo dele. Alguns homens são mais sensíveis a essas pequenas vaidades do que a questões importantes. Um grande homem é discreto sobre o que o abala de verdade. Mas se você elogiar a cor dos olhos dele, o terá nas mãos.

Não se esqueça de que você e seu marido são parceiros. Se você estiver contra ele, em quem ele buscará apoio?

Não esnobe seu companheiro. Não há nada mais desagradável do que ver uma mulher menosprezando o marido. E, para ele, é muito mais do que desagradável: é degradante.

III. HÁBITOS

Não tente mudar os hábitos de seu marido, a menos que eles sejam realmente *muito* ruins. Aceite-o como ele era quando você o conheceu.

Evite ficar reclamando se o seu conceito de trabalho difere do dele. Se seu marido se esforça demais, deixe-o agir do seu próprio jeito e dê-se por satisfeita.

Não prive seu marido de seus pequenos luxos – como charutos, discos ou livros. Quem tem mais direito a essas coisas do que o homem que paga por elas?

Não o obrigue a desistir de um hobby só porque ele bagunça a casa. Deixe-o fazer o que quiser em seu próprio lar. Dê-lhe um amplo espaço para seu lazer e provavelmente seu marido não irá incomodá-la na sala. Na verdade, ele vai até preferir ficar afastado para que mãos profanas não toquem seus tesouros.

Não fique incomodada se seu marido quiser ter seu próprio canto. Ele é um bom companheiro e muitas de suas preocupações vão sumir se puder contar com um cômodo só para ele.

É inútil proibi-lo de fumar na sala e esperar que ele se sente lá com você. Faça de seu lar a Casa da Liberdade, em todos os aspectos.

Você não tem o direito de ler toda a correspondência dele. Talvez ele nem se incomodasse se você não fizesse tanto alarde.

Da mesma forma, não permita que ele leia a sua correspondência como se isso fosse natural. Vocês devem respeitar a privacidade um do outro.

Não reprima o bom humor de seu marido. Deixe-o cantar alto no banheiro, assobiar fora do tom na sala e fique grata de ter um homem alegre em casa.

Não se torne um mero eco de seu marido. Se você nunca tiver opinião própria sobre nada, a vida ficará terrivelmente sem graça para vocês e não haverá o que conversar. Lembre-se de que variedade é o tempero da vida e o mais doce dos sons acaba se tornando enjoativo.

Não deixe que seu marido jogue cinza de cigarro no vaso de planta. Ele com certeza não faz isso por maldade, mas por distração. Um pouco de orientação vai induzi-lo a usar um cinzeiro ou a cesta de lixo. Seja paciente e não o repreenda. Afinal, muitos homens são apenas crianças grandes em relação a determinados assuntos.

Mesmo quando vocês estiverem a sós, não permita que seu marido deixe de fazer para você as cortesias que normalmente faz para outras mulheres. Você não pode ser a mulher *menos* importante da vida dele.

Não passe metade da manhã na cama porque "não há motivo para levantar". O dia não será longo o suficiente para todas as coisas que você pode fazer, se quiser.

Tome cuidado para que um não torne o outro egoísta. Se há uma cadeira especialmente confortável na sala, não deixe que ele sempre a ofereça a você nem o convença a sempre tomá-la para si. Revezamento é uma boa regra.

Não abra uma porta para si mesma quando seu marido estiver presente. Ele a abriria para uma convidada, então deixe que ele abra para você também. Além disso, seus filhos jamais aprenderão essas pequenas gentilezas se não tiverem o exemplo.

Não fique aflita toda vez que seu marido não voltar para casa na hora esperada. Ele provavelmente não foi atropelado, assaltado ou assassinado nem sofreu qualquer outro acidente terrível que sua mente é capaz de imaginar. Ele deve ter parado para comprar o jornal ou perdido o ônibus. Por isso não esteja histérica quando ele *finalmente* chegar.

IV. FINANÇAS

Não pense que dinheiro traz felicidade. Ele ajuda a obter conforto, mas a verdadeira felicidade está muito além disso.

Não contraia uma dívida se não puder pagá-la. Você não precisa viver com esse fantasma na cabeça nem deve preocupar seu marido com isso.

Não gaste cada centavo que você tem, a menos que seja tão pouco que não lhe reste outra escolha. Tente colocar em prática o provérbio "Quem poupa tem".

É bobagem querer começar a vida a dois com o padrão atual de seus pais. Um pouco de sacrifício nos primeiros anos de casamento não faz mal a ninguém.

Não viva de aparências. Por que comprar móveis caros para se mostrar para seus vizinhos se você não tem dinheiro no banco?

Evite gastar todas as suas economias toda vez que sentir vontade de comprar algo que ainda não tem. Não vai ser nada fácil repor essa quantia quando as despesas necessárias crescerem.

Confiança é essencial. Não tenha segredos para seu marido em relação aos seus gastos.

Tampouco deixe que ele esconda de você os assuntos financeiros dele. Vocês são parceiros e têm igual direito de saber qual é o saldo do banco.

Por outro lado, não passe os melhores anos da sua vida economizando desnecessariamente até que você esteja velha demais para tirar qualquer proveito do dinheiro.

Não guarde dinheiro para o futuro de seus filhos. Dê-lhes a melhor educação possível e deixe que eles tracem seu próprio caminho.

Não force seu marido a economizar para a aposentadoria – isso pode encurtar a vida dele ao privá-lo de seu principal interesse.

Não permita que seu marido pague todas as suas contas e depois diga que você não precisa de dinheiro para nada. Algumas mulheres são obrigadas a pedir ao companheiro cada centavo, não porque o dinheiro seja escasso, mas porque certos homens gostam de se sentir no poder. Não deixe que o seu faça isso.

Não se esqueça de que você tem o direito de ter algum dinheiro para usar do jeito que quiser. Você merece isso como esposa, mãe e dona de casa. É muito provável que você acabe gastando tudo com a casa e com as crianças, mas não importa – é um direito seu gastar como bem entender.

Não abuse da boa vontade do seu marido. Só porque ele é um ótimo companheiro e lhe dá tudo o que você pede, não tire vantagem disso exigindo algo fora da realidade.

Tente não fugir da tarefa de organizar com seu marido as contas da casa. É importante saber para onde está indo o dinheiro de vocês.

Participe do planejamento do orçamento doméstico. Em geral, as mulheres são muito boas em fazer pequenas economias, mas os homens têm uma visão melhor do que é essencial quando se trata de grandes quantias.

Não confunda economia com avareza. Você pode ser cuidadosa com o dinheiro sem ser mesquinha.

Não seja contra se seu marido quiser fazer um seguro de vida. Ele não vai morrer mais cedo por causa disso. Mas se, infelizmente, você tiver que terminar sua vida sem ele, isso pode ser de grande ajuda.

V. CONVÍVIO

Tente estar sempre em casa quando seu marido chegar após um dia de trabalho.

Não o faça ter de procurá-la em cada cômodo. Ao ouvir o barulho da chave na fechadura, espere-o na porta.

Não deixe de dar-lhe um beijo para recepcioná-lo. Um homem se alegra quando está cansado e sente que sua esposa fica feliz em vê-lo chegar.

Mas não o receba na porta com a lista interminável das barbaridades cometidas pelos empregados durante o dia.

Não pense que seu marido é insensível se parecer um pouco irritado ao chegar. Ele provavelmente teve um dia cansativo no trabalho e seus nervos estão esgotados.

Se ele estiver nervoso demais para perceber que está tomando chá com frequência cada vez maior, lembre-se de que a causa desse nervosismo pode ser justamente o excesso de chá.

Não aborreça seu marido com tagarelices se não quiser vê-lo irritado. Não fale demais durante o jantar, baixe o tom de voz e não reclame do silêncio dele. Se quiser contar uma história divertida, observe a reação dele. Se você abordá-lo do jeito errado, a noite terminará mal para os dois.

Excesso de atenção às vezes incomoda terrivelmente um homem. Se, depois de um dia cansativo de trabalho, seu marido chegar tarde e quiser jantar sozinho, não fique importunando e oferecendo mil coisas. Verifique se ele tem tudo de que precisa à mesa e deixe-o em paz. Deixe-o sentir sua presença solidária por perto, mas ocupe-se lendo um livro ou costurando. Mas não o atormente ainda mais, de maneira alguma.

Não gaste todo o seu tempo com as crianças sem deixar nada para seu marido. Você tem seus filhos durante o dia, e quando chega a noite, é a vez dele.

Não chateie seu marido com conversas sobre o bebê o tempo *todo*. Como pai, ele não vai se importar, mas lembre-se de que há outros interesses no mundo.

Não pense que seu marido quer apenas uma dona de casa ou uma presença decorativa à mesa. Ele quer uma companhia e, quando está em casa, não gosta que você esteja sempre em outro lugar.

Não escolha justamente a hora em que seu marido está em casa para verificar todo tipo de coisas nos outros cômodos. Sente ao lado dele, jogue cartas com ele ou converse sobre algo que o interessa. É sua função mantê-lo entretido durante a noite.

Mostre-se aberta para ouvir os problemas do trabalho dele. Encoraje-o a deixar as preocupações para trás, mas talvez ele ache mais fácil livrar-se delas conversando com você.

Não encha os ouvidos do seu marido com todos os aborrecimentos que você teve durante o dia, mas *faça* isso com seus problemas reais. Os conselhos dele podem ajudá-la e a solidariedade transmitida vai amenizar suas preocupações.

Não se envergonhe de demonstrar seu amor, considerando que é obvio que seu marido sabe que você o ama. Pequenos gestos de cuidado e carinhos inesperados fazem toda a diferença entre ele saber que você se importa e realmente *sentir* isso.

Não espere que seu marido queira passar todas as noites em casa se você não faz dela um lugar confortável. Não encha a sala com milhões de bibelôs que ele vai derrubar quando esticar o braço para alcançar um cinzeiro. Não tenha cadeiras bonitas que não são confortáveis nem almofadas que só servem para serem admiradas. É um erro supor que um homem prefere esposas "decoradoras". Tudo isso só o fará ter vontade de chutar as coisas.

Não fique bocejando enquanto seu marido está terminando um livro ou o jogo de paciência. E não o reprove em silêncio, cochilando no sofá. Se você está cansada demais para ficar acordada decentemente, vá para a cama. Mas não apresse seu marido antes que ele esteja pronto para ir.

Não deixe de rir das piadas do seu marido. Elas podem até não ter graça, mas não custa nada abrir um sorriso.

Não seja séria demais em casa. Torne a vida mais brilhante para seu marido.

Evite reclamar se seu marido gosta de vestir roupas surradas em casa. O lar deve ser um local de conforto.

Não se recuse a cantar ou tocar seu instrumento à noite porque seu marido é o único ouvinte. Você não poderia ter plateia mais indulgente e favorável do que essa.

VI. CIÚME

Não tenha ciúme dos amigos solteiros do seu marido. Deixe-o acampar com eles num fim de semana, se for sua vontade. Ele vai voltar renovado e cheio de saudades de casa.

Tampouco tenha ciúme das mulheres com que seu marido convive. Você não quer que ele pense que você é a melhor mulher do mundo só porque não conhece outras, e sim porque conhece muitas e, ainda assim, sente que você é a única no mundo para ele. Tenha mulheres em sua casa frequentemente.

Não se afaste de seus amigos homens ao se casar nem espere que seu marido abandone as amigas mulheres. Faça com que os antigos amigos de vocês frequentem a sua casa e receba-os de braços abertos.

Flertar com outros homens para provocar ciúme no seu marido é como brincar com fogo. E você pode ser mais bem-sucedida do que imaginava.

Jamais tente controlar o que dá prazer ao seu marido – nem fique com ciúme se os interesses dele nem *sempre* incluírem você.

Se você reclamar demais do clube que seu marido frequenta, ele vai acabar passando ainda mais tempo lá. Mas se você disser com toda a tranquilidade que não se importa que ele vá, é provável que ele prefira convidá-la para sair a deixá-la sozinha.

Não proteste se seu marido continuar andando de bicicleta só porque *você* não sabe pedalar. Se você não consegue, não pode, não deve ou não quer fazer alguma coisa, isso não lhe dá o direito de obrigá-lo a abrir mão dos prazeres dele.

Não tenha medo que sua filha mais velha roube o seu lugar. Requisite a companhia dela, se interesse pelos seus assuntos e ninguém jamais fará comparações entre vocês.

Não fique com ciúme da influência da sua filha sobre o pai. Ela não vai diminuir a sua importância perante ele se você desempenhar seu papel corretamente. E não há nada mais charmoso do que a amizade entre um homem e sua filha.

Você também não deve ter ciúme do trabalho do seu marido. Se ele é um bom profissional, é natural que se interesse por sua atividade – além disso, ele trabalha por *você*.

Não encha seu coração de desconfiança se o trabalho de seu marido o tirar de casa por algumas semanas de vez em quando. Ele é um bom homem, caso contrário você não teria se casado com ele. Você deve confiar nele; essa é a essência da vida a dois.

Por outro lado, não se torne uma prisioneira quando ele estiver fora. Você deve tocar sua vida, não pode ficar trancada em casa esperando por ele. Seu marido precisa confiar em você.

Não fique histérica se suspeitar de que seu marido está flertando com outra mulher – não há maneira mais eficaz de fazer com que isso aconteça de fato.

Ou seja, nunca, jamais tenha ciúme. Esse sentimento a rebaixa, a coloca em desvantagem e pode tornar seu marido insuportavelmente vaidoso. Nada faz uma mulher parecer mais amarga e ridícula do que o ciúme.

VII. LAZER

Não tenha medo de parecer ultrapassada por gostar de sair na companhia de seu marido. Se vocês se amam, devem querer fazer as coisas juntos. Por outro lado...

... não reclame se ele quiser jogar futebol nas tardes de sábado. Você pode ir assistir aos jogos e descobrir que é divertido. Além disso, é saudável para ele fazer atividades físicas ao ar livre.

Não diga que seu marido é velho demais para jogar tênis. Enquanto ele continuar jogando, não será velho.

Nunca se esqueça de seu aniversário de casamento. Uma pequena celebração vai torná-los mais próximos a cada ano.

Não pense que comemorar aniversários é coisa de criança. Seu marido pode até não confessar, mas vai ficar ressentido se você esquecer o aniversário dele. Você não precisa comprar presentes caros, mas faça algo especial. Convide o melhor amigo dele para jantar ou reserve uma mesa para dois num bom restaurante.

Demonstre interesse pelos hobbies de seu marido, mas não permita que ele deixe o trabalho pesado para você. Se ele quer ter um cachorro, a responsabilidade de alimentá-lo tem que ser dele. Mas não se recuse a dar uma pequena ajuda, é claro, quando o cão estiver doente, por exemplo.

Não deixem de viajar nas férias apenas para economizar. Uma mudança de ares fará bem a vocês dois.

Mas não insista em passar as férias visitando várias cidades se seu marido preferir o descanso tranquilo à beira-mar. Não importa se você está farta desse tipo de lugar; *ele* não está.

Não recuse um convite para viajar para o exterior com seu marido alegando que odeia percorrer grandes distâncias e detesta comida estrangeira. Ceda aos desejos dele de vez em quando e surpreenda-se ao descobrir quanto prazer você terá.

Não espere que seu marido a acompanhe em seus momentos de lazer se você não faz o mesmo por ele. Se você gosta de concertos e ele, de teatro, devem abrir mão de suas preferências alternadamente em nome do outro. Você verá como seus gostos vão ficar cada vez mais sofisticados conforme o tempo passa.

Supere o desconforto para acompanhar seu marido. Se ele quiser passar o fim de semana fazendo caminhadas ao seu lado, não faça objeções alegando que vai chover ou que você não tem roupa adequada ou que não gosta de lugares rústicos. Entre no espírito da coisa e talvez você se divirta muito mais do que ele – mais até do que se vocês fossem a algum resort chique que a obrigaria a mudar de roupa três ou quatro vezes por dia.

Ignore as pessoas que dizem que o lugar da esposa é em casa, cerzindo meias como as mulheres costumavam fazer antigamente. Você pode remendar todas as meias que precisam ser consertadas, ficar em casa quando seu marido estiver e, ainda assim, ter tempo de sobra para sair.

Não deixe de preencher sua vida com atividades que levem você a sair de casa. Se gosta de cantar, entre para um coral; inscreva-se num grupo de leitura; aprenda uma nova língua; visite seus amigos e convide-os para ir à sua casa. Nada induz mais à alienação e à doença do que a falta de ocupações interessantes.

Não recuse sair com seu marido porque não tem com quem deixar as crianças. Arranje um jeito de deixá-las em boas mãos.

Quando seu marido convidar você para acompanhá-lo a um jantar de negócios, não diga que não vai por não ter o que vestir. Vá com a roupa mais bonita que tiver e divirta-se.

Não diga que o tênis é um esporte egoísta e que um homem casado não deve praticá-lo. Em vez disso, aprenda a jogar. Seu marido vai adorar ter você ao lado dele. Não importa que você nunca se torne craque. O importante é encontrar prazer em um interesse em comum.

VIII. COMIDA

Um homem é conquistado pelo estômago. Nunca se esqueça disso.

Não toque em assuntos delicados durante as refeições – principalmente na hora do jantar.

Não compre ingredientes caros para depois arruiná-los ao preparar a comida. Se você ou sua empregada não sabem cozinhar pratos sofisticados, contente-se em fazer o básico com perfeição.

Se seu marido gosta do bife grelhado, não insista em servi-lo à milanesa. E se ele prefere ovo cozido, não ofereça ovo mexido.

Não insista em levar à mesa alimentos que fazem mal a seu marido. Mesmo que você goste, é melhor evitar.

Deixe de lado o preconceito contra a comida fria. Algumas aulas de culinária ou um bom livro de receitas podem transformá-la em uma especialista em reutilizar as sobras e fazer pratos diferentes.

Não sirva comida queimada. Não adianta tentar disfarçar o gosto – o prato já está estragado.

Fique atenta ao horário das refeições. Nada aborrece mais um homem cansado do que ficar esperando pelo jantar.

Não permita que o café da manhã seja uma refeição rápida. É nas primeiras horas do dia que, em geral, os homens trabalham mais. E uma máquina não pode funcionar sem combustível suficiente.

Não despreze as pequenas coisas. Quando duas pessoas formam um lar, a felicidade reside nos detalhes.

Não sirva a comida de seu marido já praticamente mastigada. Você tem muita coisa para fazer e, além disso, ele não é mais nenhuma criança.

Não seja negligente com o serviço das refeições quando você e seu marido estiverem sozinhos em casa. Uma apresentação cuidadosa faz com que o ato de comer seja um momento agradável e não apenas uma maneira de nos manter vivos.

IX. ROUPAS

Não arraste seu marido para uma interminável expedição de compras esperando que ele mantenha o bom humor. Se você quiser a opinião dele sobre algum vestido em especial, vá direto à loja e depois deixe-o ir embora. Os homens em geral detestam compras aleatórias.

Não permita que seu marido crie o hábito de não notar quando você está usando um vestido novo. Alguns homens não se dão conta da importância de reparar em sua esposa e não sabem como essa indiferença é desestimulante para elas.

Jamais dê a impressão de que você não se importa que seu marido use meias velhas ou roupas furadas. Alguns homens são desligados demais na hora de se vestir e, se eles não conseguem manter a elegância, suas mulheres devem assumir essa função.

Não deixe seu marido usar gravata roxa com meias verdes. Se ele não tem noção de combinação de cores, você deve ajudá-lo. Mas não seja sarcástica sobre o mau gosto dele.

Tampouco imponha seu gosto pessoal à maneira como seu marido se veste, principalmente se o estilo dele não é tão ruim assim. Ele tem o direito de ter suas próprias opiniões.

Não deixe que seu marido a convença a usar determinado tipo de roupa só porque ele acha que esse estilo fica bem em outras mulheres. Você sabe melhor do que ninguém o que realmente cai bem no seu corpo.

Mas, por outro lado, não rejeite as sugestões dele sem uma boa razão. Muitos homens têm um excelente gosto e ideias originais a respeito da moda feminina.

Não pense que seu marido é extravagante só porque ele gasta mais comprando roupas do que os outros homens.

Não se convença de que um homem não pode demorar tanto para se arrumar quanto uma mulher e não fique surpresa se seu marido deixá-la esperando. Ajude-o a se vestir se quiser que ele esteja pronto na hora.

Não seja negligente com sua aparência quando "apenas" o seu marido estiver presente. Saiba que ele abomina roupas velhas e cabelos despenteados como qualquer outro homem. E se a esposa dele não se dá ao trabalho de seduzi-lo, outras mulheres o farão.

Não se vista mal, mesmo que você não tenha muito dinheiro. Se não é possível renovar seu guarda-roupa a cada estação, opte pelos estilos mais clássicos, que não saem da moda com tanta rapidez. Escolha peças de bom gosto, bem cortadas e com um tecido bonito. Você não ganha nada em ser desleixada.

X. VIDA SOCIAL

Não seja antipática com os amigos de seu marido. Não há nada pior para um homem do que encontrar uma recepção fria da esposa ao trazer um colega para casa.

Não seja obcecada com a ideia de retribuir todos os jantares aos quais convidam você – caso contrário, deverá recusar todos os convites que não puder retribuir. Mas se seus amigos não forem realmente famintos e houver outras formas de entretenimento que lhe agradam mais, não há necessidade de pagar os convites na mesma moeda. Amizade não é uma questão de barganha.

Ter poucos amigos vale mais do que ter muitos conhecidos.

Não permita que seus hóspedes pensem que são um estorvo. Faça com que se sintam em casa.

Não é necessário se esforçar para entreter seus hóspedes o tempo todo. Se eles estiverem à vontade, a diversão vai acontecer naturalmente. Não se esqueça de deixar livros à disposição em todos os cômodos.

Não deixe de reunir seus amigos só porque suas festas não estarão à altura daquelas que os seus vizinhos dão. Muitas vezes uma recepção simples é melhor do que coquetéis sofisticados.

Da mesma forma, não se preocupe se você não puder oferecer champanhe caro aos seus convidados. Eles certamente vão ficar felizes com uma taça de vinho e não vão pensar mal de você por estar tentando se manter dentro de seu padrão de vida.

Não tente, de jeito nenhum, entreter seus amigos de uma maneira que esteja além de suas possibilidades só porque outras pessoas fazem isso.

XI. ADMINISTRAÇÃO DA CASA

Não despreze os modos antigos de sua mãe. Eles deram certo com seu pai, e quem sabe poderão lhe ser úteis na vida com seu marido.

Tampouco menospreze os hábitos de sua sogra. Você pode magoar tanto seu marido quanto a mãe dele.

Não pense que é trabalhoso demais proporcionar mais conforto para seu marido. Lembre-se de que ele está ocupado o dia inteiro trabalhando para *você*. Não hesite em planejar maneiras de tornar a vida melhor para ele.

Não seja tão perfeccionista com a arrumação da casa a ponto de seu marido ter receio de esquecer o jornal fora do lugar. Poucos homens são tão organizados quanto as mulheres, e eles são naturalmente mais descuidados em casa do que no escritório. Mas isso realmente importa?

Não brigue com os parentes dele. Se você não consegue suportá-los, não os convide para ir à sua casa, mas incentive seu marido a visitá-los de vez em quando. De qualquer forma, como regra geral, um pouco de tato e paciência pode ajudá-la a atravessar situações delicadas.

Não deixe que pessoas de fora interfiram nos assuntos da sua casa, mesmo que sejam as mães de vocês.

No entanto, não se recuse a escutar os conselhos das pessoas mais experientes. Mas só aja de acordo com eles se quiser.

Não fique brava se seu marido disser que nunca comeu um bolo tão gostoso quanto o que a mãe dele faz. Mude a estratégia: peça a ela a receita.

Evite que a casa fique abafada mantendo as janelas abertas. Deixe o ar circular e faça com que seu marido sinta que seu lar tem uma atmosfera saudável em todos os sentidos.

Não se esqueça de seus vizinhos mais pobres. Se toda família que tem o suficiente para comer olhasse para uma família que não tem, haveria menos miséria no mundo.

Não deixe de colocar óleo nas portas para que elas não fiquem rangendo terrivelmente.

Se você não consegue manter os empregados satisfeitos, arranje outros. Evite repreendê-los na presença de seu marido. Na verdade, mantenha o funcionamento da casa fora da vista dele. Deixe-o apreciar apenas os resultados.

No entanto, não se esqueça de que ele é seu parceiro e ficará satisfeito de ser solicitado numa emergência. Principalmente se ele for jovem, vai gostar de ajudá-la.

Não faça grandes faxinas se não forem necessárias. Quando achar que a sua casa está precisando de uma boa limpeza, não desorganize todos os cômodos de uma só vez. Arrume-os um a um e talvez seu marido nem se dê conta do que está acontecendo – a não ser que você peça a ajuda dele para alguma coisa.

Quando tiver que limpar o escritório dele, tome cuidado para não tirar as coisas do lugar. Deixe tudo onde estava, mesmo que isso signifique que o cômodo não ficará arrumado como você gostaria.

Não tenha medo de colocar a mão na massa e enfrentar o trabalho doméstico pesado quando for necessário. Não existe nenhuma indignidade nisso. Se as circunstâncias exigirem uma interferência sua, atue da melhor maneira possível. Será ótimo saber que você não cobra dos empregados nada que você mesma não poderia fazer se precisasse.

Você não precisa acordar cedo todos os dias para verificar se a empregada chegou no horário. Quando contratar alguém, explique claramente suas regras e deixe que a pessoa assuma a responsabilidade de ser pontual.

Não se comporte como uma mártir. Algumas mulheres nunca estão satisfeitas a menos que se sintam arrasadas, mas seus maridos não gostam nada disso. O sorriso resignado é o mais irritante.

Não pense que é uma perda de tempo preparar geleia em casa se você pode comprá-la pronta em qualquer loja. Lembre-se: nada é melhor do que o alimento preparado em casa. Ver a satisfação de seu marido e de seus filhos ao provarem um doce tão gostoso feito por você já vale o trabalho.

Não deixe de aprender a fazer um curativo. Você terá sorte se jamais tiver que fazer um em alguém da sua família. Mas, se precisar, é melhor que saiba o jeito certo.

Não se esqueça de reduzir o trabalho de casa ao mínimo indispensável, abolindo tudo o que for desnecessário: polimentos dos metais, lavagem de cortinas e escovação de tapetes.

Não cubra as cadeiras e os sofás com capas enquanto ainda estão novos e bonitos. Haverá tempo de sobra até que eles fiquem gastos.

XII. FILHOS

Não abra mão do apoio de seu marido nos assuntos relativos à educação das crianças. Deixe-o ajudá-la a resolver as questões que a preocupam.

Não permita que seu marido se torne simplesmente o pai de seus filhos após o nascimento do primeiro bebê. Você pode dar a ele uma parcela extra de amor por conta de sua nova função, mas ele não vai querer ser menos do que seu companheiro.

Não pare de chamá-lo pelo nome, passando a se dirigir a ele como "pai" ou "papai".

Não dedique mais tempo e cuidado às crianças do que ao pai delas. Seja justa na hora de dividir sua atenção.

Não diga que seu marido parece bobo quando está com o filho no colo. Deixe-o sentir que o bebê é uma parte dele.

Não pense que seu bebê é tão interessante para as outras pessoas como é para você. É natural a mãe achar que nunca houve um bebê tão maravilhoso na face da Terra, mas as pessoas irão dar um sorriso forçado ou ficar terrivelmente entediadas se você não conseguir falar de outra coisa.

Não dê ao seu filho o mesmo nome que o pai e depois se refira aos dois como "Pedrão" e "Pedrinho" ou "Pedro Pai" e "Pedro Filho". Chame seu marido sempre pelo nome e deixe que o menino tenha seu próprio nome também.

Não reclame dos anos que você passou cuidando de crianças. Pense que você estava treinando futuros cidadãos e que essa é a missão mais importante do mundo.

O que os maridos **NÃO** devem fazer

BLANCHE EBBUTT

O que os maridos NÃO devem fazer

Um manual clássico de boas maneiras para um casamento feliz

SEXTANTE

Título original: *Don'ts for Husbands*
Publicado originalmente em 1913. Republicado em 2007
por A&C Black Publishers Limited.
Copyright da tradução © 2011 por GMT Editores Ltda.
Todos os direitos reservados. Nenhuma parte deste livro pode ser
utilizada ou reproduzida sob quaisquer meios existentes
sem autorização por escrito dos editores.

tradução: Angélica Lopes

preparo de originais: Alice Dias

revisão: Taís Monteiro e Tereza da Rocha

projeto gráfico e diagramação: Valéria Teixeira

capa: Silvana Mattievich

impressão e acabamento: Lis Gráfica e Editora Ltda.

CIP-BRASIL. CATALOGAÇÃO-NA-FONTE
SINDICATO NACIONAL DOS EDITORES DE LIVROS, RJ

E14o

Ebbutt, Blanche
O que os maridos não devem fazer / Blanche Ebbutt [tradução de Angélica Lopes]; Rio de Janeiro: Sextante, 2011.
56 p.; 14x21cm

Tradução de: Dont's for husbands
Obras editadas juntas em sentido contrário com: O que as esposas não devem fazer / Blanche Ebbutt
ISBN 978-85-7542-670-8

1. Casamento - Manuais, guias, etc. 2. Relação homem-mulher - Manuais, guias, etc. 3. Comunicação no casamento. I. Título. II. Título: O que as esposas não devem fazer

CDD: 306.872
11-2811 CDU: 316.811

Todos os direitos reservados, no Brasil, por
GMT Editores Ltda.
Rua Voluntários da Pátria, 45 – Gr. 1.404 – Botafogo
22270-000 – Rio de Janeiro – RJ
Tel.: (21) 2538-4100 – Fax: (21) 2286-9244
E-mail: atendimento@esextante.com.br
www.sextante.com.br

APRESENTAÇÃO

Este livro foi originalmente publicado em 1913, como um manual de conduta para homens e mulheres construírem um casamento harmonioso. Redescoberto quase 100 anos depois, ele causa surpresa ao se mostrar tão atual quanto naquela época.

É claro que os hábitos, o comportamento e os desejos das pessoas sofreram profundas alterações de lá para cá, mas, se pensarmos bem, veremos que os papéis do homem e da mulher na relação a dois não mudaram tanto assim.

Ainda que a sociedade, a cultura e a política tenham mudado bastante, as relações pessoais e a dinâmica do casamento mantêm muitos traços comuns com a época de nossos antepassados. A mulher ainda é a responsável pela administração da casa, pela educação das crianças e pelo bem-estar do marido. E o homem, em geral, ainda é visto como o provedor.

É divertido olhar para o passado e ver os pontos semelhantes – por exemplo, o desejo masculino de ter a esposa à sua disposição – e as diferenças de comportamento. Os homens estão mais participantes, perderam o ar austero, ajudam nas tarefas domésticas e até se divertem ao lado dos filhos, coisa que não faziam antigamente.

As mulheres, por sua vez, deixaram de ser apenas donas de casa e conquistaram o mercado de trabalho, passaram a contri-

buir para o orçamento doméstico e a ter diversas outras preocupações além de imaginar o que fazer para o jantar.

Mas parece que certas coisas não vão mudar nunca.

Confesse: mesmo sabendo que sua esposa tem 1.001 tarefas, você ainda espera que ela prepare seu prato preferido, seja carinhosa e esteja sempre cheirosa, linda e disposta para o sexo. Não há nada que um homem goste mais do que ser admirado e paparicado pela mulher amada – mesmo agora, em pleno século XXI.

Por outro lado, como qualquer outro homem em qualquer outra época, você deve viver reclamando que sua esposa fala demais, adora arrastá-lo para compras intermináveis, implica com seus amigos solteiros e morre de ciúme de qualquer mulher que se aproxime de você.

É claro que nem tudo o que está escrito aqui pode ser aplicado literalmente à sua vida, afinal, você provavelmente não fuma charuto nem usa um lenço na lapela do paletó. Mas reflita sobre essas dicas e pense em como a sabedoria do passado pode ajudá-lo a construir uma relação melhor com a sua esposa.

A base dos ensinamentos reunidos aqui é atemporal: para um casamento dar certo, são necessárias doses iguais de amor, respeito, companheirismo e cuidado. Era assim no tempo de nossos avós e será assim na época de nossos netos.

Aproveite as dicas, divirta-se e boa sorte!

PREFÁCIO

Você não é um homem melhor nem pior do que imagina. Estou certa de que sabe lidar com as mulheres, mas – principalmente se está em seus primeiros anos de casado – ainda não aprendeu tudo o que precisa saber a respeito delas.

Por isso espero que, ao terminar de ler este livro, você se sinta agradecido por eu ter revelado tantas coisas que você só descobriria depois de muitas experiências. E essas experiências podem ser boas ou ruins, dependendo do tipo de relação que você tem com sua esposa.

BLANCHE EBBUTT

I. RELAÇÕES PESSOAIS

Não trate sua esposa como "meu docinho" por muito tempo. Uma mulher pode até gostar de ser um bibelô durante um certo período, mas a novidade logo perde a graça.

Não hesite em comentar quando ela estiver especialmente bonita. Sua opinião não terá nenhum efeito se não for verbalizada.

Não pense que não é mais necessário demonstrar seu amor porque "ela já deve saber disso". A mulher gosta de ser beijada, paparicada e cortejada pelo marido mesmo quando já é avó.

Vez por outra, leve para casa um buquê de flores ou uma caixa de bombons. Sua esposa vai valorizar até um simples vaso de violetas, apenas por você ter pensado nela.

Mesmo que esteja com pressa, não saia de casa sem dar um beijo de despedida em sua esposa. Ela vai remoer essa omissão durante todo o dia.

Não é porque vocês se casaram por amor que a vida será um eterno mar de rosas. Vocês não são perfeitos e precisam aprender a não pisar no calo um do outro.

Não espere que sua esposa faça de tudo para alegrá-lo se você não colabora quando as coisas vão mal. Seja justo.

Não implique com sua mulher. Se ela queimou o bolo ou se esqueceu de pregar um botão, ela não quer ser lembrada disso a toda hora.

Não a mantenha numa redoma. Ela não é um objeto frágil – é uma mulher.

Não tente tirar todas as preocupações das costas de sua esposa. Você não vai conseguir resolver os problemas dela e os seus também.

Não proteja sua esposa de qualquer vento que sopre. Resguardando o corpo dela dessa maneira, vai acabar matando sua alma.

Não se esqueça de que você não é imortal. Que chances sua esposa terá se você morrer e ela não conhecer a realidade deste mundo cruel?

Sua esposa não substitui seus pés e suas mãos. Ela serve para outras coisas além de fazer favores a você. Mas se você não pedir tudo a ela, ela vai acabar fazendo por prazer.

Não seja condescendente. Você não é a única pessoa na casa que tem cérebro.

Não menospreze sua companheira na frente das visitas. Você pode achar divertido falar das pequenas manias dela, mas ela não vai perdoá-lo facilmente.

Não fique surpreso, aborrecido ou desapontado se, depois de passar anos tratando sua esposa como uma cabeça de vento, você conseguir transformá-la em uma e ela não puder lhe ser útil quando você realmente precisar de sua ajuda.

Não quebre as promessas que fizer à sua esposa. Se você garantiu a ela que estaria em casa às 19h, pense duas vezes antes de sair com um amigo às 18h30.

Jamais se esqueça do aniversário dela. Ela pode não querer que outras pessoas saibam sua idade, mas certamente não quer que *você* a esqueça.

Não pense que só porque você não pode comprar um presente caro, é melhor não comprar nenhum. Mesmo o presente mais humilde vai ser apreciado se for escolhido com amor.

Não fique de mau humor quando as coisas não saírem do jeito que você esperava. Se não conseguir evitar a irritação, explique isso a sua esposa. Depois, supere.

Não grite quando estiver com raiva. As crianças e os empregados não precisam ficar sabendo de tudo.

Não seja carrancudo. Cultive uma expressão agradável se a natureza não o abençoou com uma.

Tome cuidado para não se tornar egoísta. Isso acontece muito, já que as esposas geralmente estão dispostas a ceder. Observe seu comportamento e, se achar que está começando a se apropriar da cadeira mais confortável, do canto mais quente da cama ou do livro mais interessante, simplesmente elimine o hábito.

Não discuta com sua esposa. Assim, ela não poderá discutir com você. Palavras duras são ditas nos momentos de raiva.

Não recuse as investidas de sua esposa. Lembre-se de que esse é um gesto difícil para ela. Se você tiver um pouco de sensibilidade, poderá poupá-la do constrangimento tomando a iniciativa.

Nunca minta para sua esposa. Deve existir total confiança entre vocês. Se ela descobrir alguma mentira sua, não vai acreditar quando você estiver *realmente* dizendo a verdade.

Não fale com sua mulher como se ela fosse uma criança. Ela é tão inteligente quanto seus colegas de escritório. Converse com ela (explicando o que for necessário) sobre as mesmas coisas que conversaria com um homem. Você ficará surpreso com os comentários que ela pode fazer.

Não espere encontrar felicidade se você se casou por dinheiro. No momento em que sua esposa perceber isso, não vai mais deixá-lo esquecer desse seu ato.

Não ache que, se você se casou apenas para ter uma empregada à sua disposição, sua esposa vai querer assumir esse papel. Ela se casou por outras razões.

Não fique comentando sobre cada imperfeição no corpo dela. A beleza interior é muito mais importante do que a aparência física.

Não despreze as qualidades cotidianas de sua esposa se ela não for o que o mundo chama de brilhante. Quando se administra um lar, ter bom senso é mais valioso do que ter uma inteligência acima da média.

Não chame sua esposa de covarde porque ela tem medo de barata. Provavelmente, em caso de perigo real, ela se mostraria tão corajosa quanto você.

Resista à tentação de ficar irritado com o jeitinho infantil que tanto o agradava quando vocês eram namorados. Sua esposa vai se livrar dele com o tempo.

Não se comporte como se você fosse um deus. Isso o torna ridículo.

Não pense que, só por ser mulher, sua esposa é um anjo de luz. Ela é um ser humano como você, nem mais nem menos perfeito.

Não deixe sua esposa de fora de seus assuntos de trabalho. É tolice achar que ela não entende nada de negócios e que, por isso, não vai se interessar por seus problemas. Ela pode surpreendê-lo ao sugerir uma forma de contornar as dificuldades que ainda não tinha lhe ocorrido.

Não idolatre sua esposa como uma santa. E, ao descobrir que ela é apenas uma mulher, não passe o resto da vida lamentando sua decadência. Ela continuará sendo o que sempre foi, você é que irá olhar para ela com outros óculos.

Não caia no erro de achar que as mulheres, como as crianças, devem ser vistas e não ouvidas. Não há dúvida de que você é um homem inteligente e que escutá-lo é um aprendizado para ela, mas sua esposa também tem opiniões que vale a pena ouvir.

Não tente entender o funcionamento da mente de sua esposa. As mulheres lidam com as coisas de muitas maneiras diferentes e é inútil perguntar por que ela pensa isso ou aquilo.

Não tente esconder as más notícias da sua esposa. Ela vai perceber que há algo errado e ficará ainda mais nervosa do que ficaria se você tivesse contado logo.

Não deixe de acompanhar sua esposa ou de ir ao seu encontro quando ela tiver saído de casa, com a desculpa de que se trata de uma mulher independente que não precisa de você. Talvez não precise de fato, mas ela gostaria de vê-lo por perto mesmo assim.

Não deixe que o hábito do silêncio se estabeleça entre vocês. É claro que vocês não precisam conversar por obrigação – não é o caso. Acontece que alguns maridos parecem pensar que não vale a pena falar sobre nada com suas esposas, embora se lancem numa animada conversa se um amigo aparece.

Não pense que vocês podem viver vidas separadas debaixo do mesmo teto e ainda assim serem felizes. O casamento é como uma sociedade e não funciona sobre duas linhas paralelas.

Não insista em ter sempre a última palavra. Aquele que sabe a hora de desistir de uma discussão é um homem sábio.

Não pense que é humilhante argumentar com sua esposa quando vocês têm opiniões diferentes. Explique seu ponto de vista e ela irá respeitar suas razões. Mas lembre-se: você também deve ouvir os motivos dela e respeitá-los.

Não tente controlar todos os detalhes da vida da sua esposa. A mulher é um indivíduo como você e precisa ter liberdade.

Não espere que sua esposa concorde com tudo o que você diz. Alguns homens gostam de eco, é verdade, mas isso se torna tedioso com o tempo.

Não hesite em criar o hábito de conversar sobre política com sua esposa. Muitos homens insistem em afirmar que "mulheres não entendem de política". Mas por que elas não entendem? Porque normalmente não têm a chance de confirmar suas convicções conversando com um homem que domina o assunto. Encoraje sua esposa a ler e falar sobre política. Não importa se ela pensa diferente de você. Deixe-a formar suas próprias opiniões e expressá-las.

Quando estiver a sós com sua esposa, não deixe de fazer as pequenas cortesias que você concede a outras mulheres. Por exemplo, sempre abra a porta para ela, exatamente como você faria para uma visita.

Cuidado com o hábito de ver sua esposa apenas como a mãe de seus filhos. Ela não deixa de ser sua parceira só porque se tornou mãe. Porém, se ela achar que você tende a deixá-la de lado, aos poucos irá permitir que as crianças a absorvam mais e mais.

Chame-a pelo nome ou por um apelido carinhoso e evite dirigir-se a ela como "mãe". Ela tem orgulho de ser mãe, mas quer ser tratada como esposa também.

Não tente "mandar" em sua mulher. Será muito mais fácil guiá-la.

Não fique irritado com as pequenas tolices de sua esposa. Elas não têm maldade nenhuma. E ela deve aturar muita coisa semelhante de você.

Trate sua esposa com respeito. Jamais dê a impressão de achar que as mulheres não conseguem entender as coisas. Existem áreas em que você pode superá-la, por possuir mais conhecimento, mas não há nada que ela seja incapaz de fazer.

Não tenha grandes expectativas em relação à vida a dois. Assim, você será poupado de uma boa dose de desapontamento.

Evite ser sincero demais com sua esposa. Isso só o torna desagradável.

Não se esqueça de que o melhor amigo de uma mulher é o marido dela. A amizade verdadeira entre um casal evita uma infinidade de problemas.

Não espere recompensa por seus gestos de generosidade. Eles deixarão de ser generosos se forem feitos por interesse.

Jamais chame a atenção de sua esposa em público, mesmo que você ache necessário fazê-lo. Ela não o perdoará por repreendê-la na frente de outras pessoas.

Não poupe elogios. Seja por causa de um vestido novo, um corte de cabelo ou um prato diferente para o jantar, elogie-a sempre que ela merecer. Isso não apenas vai deixá-la mais feliz como vai melhorar seu próprio humor. E o bom humor deve ser sempre estimulado, para o seu próprio bem.

No entanto, evite a bajulação. A menos que sua esposa seja excessivamente vaidosa, ela com certeza vai perceber e ficará mais magoada do que orgulhosa. Elogie sempre que puder, mas deixe o paparico de lado.

Gestos falam mais do que palavras. De nada adianta dizer à sua esposa que se preocupa com ela e fazer coisas que você sabe que vão deixá-la infeliz.

Controle-se para não achar que é sempre a sua mulher que está errada quando vocês têm opiniões divergentes. Afinal, você não é o dono da verdade.

Não julgue sua esposa. As atitudes dela são motivadas por razões que você desconhece e que certamente justificam suas ações.

Não seja reservado com sua esposa, já que o natural seria mostrar-se mais fechado com outras pessoas. Seja aberto e confidente. Ela ficará profundamente magoada se descobrir por conta própria algo que teria o direito de saber por você.

Não permita que a ambição abafe o amor. Deve haver lugar para as duas coisas em sua vida. Alguns homens estão tão ocupados em ganhar dinheiro que não têm tempo de fazer amor com a esposa.

Quando estiver longe de sua esposa, escreva para ela diariamente. Mesmo que sejam apenas poucas linhas, esse gesto vai demonstrar que você está pensando nela.

Você não vai conseguir amansar sua esposa com bens materiais. Conheci um homem que comprava para a mulher um anel ou um colar para "consertar as coisas" toda vez que a magoava. Mas isso não curava suas feridas. Ela teria trocado todas as joias de bom grado pela certeza de que seu marido a amava o suficiente para não magoá-la.

Não discuta religião com sua esposa a menos que vocês consigam falar sobre isso sem levar a questão para o lado pessoal. As piores brigas muitas vezes começam com uma conversa de cunho religioso.

Mas, por outro lado, não reprima discussões em sua casa. Se cada membro da família contribuir com suas ideias, não haverá lugar para a estagnação que costumamos encontrar nos lares onde existem assuntos proibidos.

Não zombe de sua esposa se ela cometer um erro. As mulheres são muito sensíveis e podem facilmente se fechar em uma concha. Se isso acontecer, você vai perder muito do que ela teria a oferecer.

Não se esqueça de que são as pequenas coisas que contam no casamento. Por isso, evite ciúmes bobos, egoísmos banais, leves irritações, ligeiros destemperos e comentários sarcásticos. Se você não tem nada agradável para dizer, aprenda a ficar em silêncio.

II. CIÚME

Não se comporte como um sultão. Estamos no Ocidente e você não pode esconder sua esposa dos outros homens. Não a insulte tentando fazer isso.

Não comente com sua esposa sobre toda mulher bonita que você conhecer. Ela pode não ser ciumenta no início do relacionamento mas, depois de um tempo, passar a desconfiar dessa atitude.

Não rejeite uma serviçal por sua aparência. Sua mulher nunca vai contratar uma empregada bonita se souber que você se importa com esse detalhe.

Não proíba sua esposa de sair com outro homem se você mesmo não puder acompanhá-la – desde que, é claro, você conheça e aprove esse homem.

Não tenha a ilusão de que sua esposa nunca vai se interessar por outro homem. Por mais que ela goste de você, é possível enjoar mesmo de uma coisa boa.

Não proíba sua esposa de falar com um homem só porque você acha que ela o vê demais. Você só iria estimular a fantasia dela. Em vez disso, preencha o tempo dela, convidando-a para sair e passando bons momentos ao seu lado. Assim, essa aproximação com o outro homem vai se desfazer naturalmente. Uma mulher de personalidade não admite ser coagida.

Não exalte as qualidades de outras mulheres se você sabe que sua esposa é sensível a esse assunto. Não faz sentido tocar na ferida, embora alguns homens encontrem um estranho prazer nisso.

Evite ficar falando que a vizinha é charmosa ou que seu amigo tem sorte de ser casado com uma mulher que prepara comidas tão saborosas. Você não pode esperar que sua esposa consiga engolir facilmente as qualidades de outras.

Não lembre à sua esposa o tempo todo como sua mãe é perfeita – ou acabará por ouvi-la sugerir que você volte para debaixo da asa dela. Lembre-se de que sua mãe já era uma dona de casa experiente antes de você nascer, ao passo que sua companheira ainda está aprendendo.

É bobagem ter ciúme das amigas da sua mulher. Se ela quer passar o dia na companhia delas, aprove. Não a faça pensar que você é um tirano egoísta.

Não desista dos seus amigos do tempo de solteiro. Convide-os para frequentar sua casa e sua esposa certamente os deixará à vontade, sejam eles homens ou mulheres.

Jamais flerte com outras mulheres. Sua esposa pode até não ser ciumenta, mas vai desprezá-lo se você fizer isso.

Não negligencie sua esposa porque sua filha é mais divertida. Ela pode ser uma boa companhia para você sem usurpar o lugar da mãe em seu coração.

Não critique o trabalho social de sua esposa argumentando que "caridade começa em casa". É verdade, mas não precisa terminar em casa também. Essa atitude só demonstra que você tem ciúme do tempo que ela passa ajudando os outros.

Confie plenamente em sua esposa – isso vale para as questões financeiras, a relação dela com outros homens, as correspondências que ela recebe. Tenha a máxima confiança nela e você dificilmente irá se decepcionar.

III. HÁBITOS

Não aumente o trabalho doméstico deixando suas coisas espalhadas pela casa. Se você não é organizado por natureza, pelo menos tenha consideração pelos outros.

Mesmo que esteja calor, não sente à mesa para tomar o café da manhã usando apenas uma camiseta porque "só sua esposa está presente". Ela é uma mulher e deve ser tratada com a mesma cortesia que você dispensa às outras.

Não seja grosseiro com sua esposa toda vez que você tiver uma dor de cabeça ou um resfriado. Ela não tem culpa. E já tem trabalho suficiente cuidando de você para ainda por cima ter que aturar seu mau humor.

Não seja sempre muito sério ou solene. Crie um pouco de diversão em sua casa de vez em quando.

Não use um lenço sujo no paletó só porque você se esqueceu de pegar um limpo na gaveta. Se sua esposa mantém um estoque razoável de lenços lavados, você poderia ao menos se dar ao trabalho de se lembrar de usá-los.

Não fique corcunda, mesmo que você trabalhe o dia inteiro numa escrivaninha. Nenhuma mulher gosta de ver seu homem adquirindo o hábito de andar com a postura desleixada.

Não guarde as melhores piadas para seus amigos homens. Divida-as com sua esposa.

Não veja as coisas somente do seu ponto de vista. Coloque-se no lugar de sua mulher e pense no que ela tem de aturar.

Não demonstre inquietação. Alguns homens nunca conseguem ficar relaxados quando estão em casa. Eles vagam de um lado para outro, entram e saem dos cômodos, brincam com o saleiro no jantar, desenham linhas com o garfo na toalha de mesa, batucam no chão com os pés, arrastam os chinelos. Deixam suas esposas em tal estado de tensão que as pobres criaturas precisariam ter nervos de aço para suportar a pressão.

Não faça drama se amigas "descomprometidas" de sua esposa forem visitá-la à noite. Evite agir como outros homens, que reclamam de ter que mudar de roupa para acompanhá-las de volta a suas casas.

Se precisar apontar o lápis, faça-o na lixeira, e não no chão. Isso não faz bem nem aos tapetes nem ao humor dos empregados que vão encontrar restos de madeira e grafite espalhados pela casa.

Se você fuma, não jogue guimbas de cigarro nos vasos de plantas. Sua esposa não vai ficar nada feliz se você fizer isso.

Não delegue à sua esposa a tarefa de desossar um frango com a desculpa de que você não sabe. Você deveria ficar envergonhado de não saber fazer uma coisa simples assim tão bem como ela. Isso é apenas preguiça de sua parte.

Não se recuse sempre a fazer compras com sua esposa. É claro que é desagradável, mas às vezes ela realmente gostaria de ouvir sua opinião. E você deveria ficar satisfeito em dá-la.

Não seja convencido em relação à sua aparência. É bem provável que ninguém além de você repare nela. Além do mais, vaidade em excesso num homem é algo ridículo.

Não se negue a se levantar da cama se, durante a noite, sua esposa ouvir um barulho estranho ou sentir cheiro de queimado ou de gás. Para não constrangê-lo, em vez de ela mesma ir ver o que está acontecendo, acabará passando a noite inteira acordada, morrendo de medo. Parece loucura, mas é o que geralmente ocorre.

Não fique vagando pela casa se seu trabalho não o obriga a sair. Estabeleça um horário para permanecer no escritório, ou então vá jogar golfe, mas não imponha sua companhia à sua esposa o dia inteiro. Ela gosta de você, mas às vezes prefere ficar livre. E *ela* tem coisas a fazer, caso você não tenha.

IV. FINANÇAS

Não deixe de economizar uma quantia razoável. Só assim você terá uma garantia de que sua esposa não vai passar necessidades se você morrer repentinamente.

Não faça você mesmo todos os pagamentos da casa por acreditar que sua companheira não sabe lidar com dinheiro. Deixe-a aprender.

Não seja mesquinho em relação às compras para a casa. Não se pode fazer omeletes sem quebrar os ovos.

Não permita que sua esposa ultrapasse seu limite de crédito. Ela precisa aprender a cortar o casaco de acordo com o tecido.

Não leve uma vida de ostentação nem deixe sua esposa convencê-lo a fazer isso.

É um engano achar que sua esposa só pensa em dinheiro. Dinheiro não traz felicidade, mas a falta dele pode causar muita tristeza. Quando vocês discordarem sobre os gastos domésticos, lembre-se de todas as coisas que ela tem que fazer com a parte que lhe cabe no orçamento.

Não dê à sua esposa uma quantia muito miserável para seus gastos pessoais com a justificativa de que, como é você quem paga as contas, ela não pode exigir nada. É terrível para uma mulher ter que pedir algo que seria dela por direito.

Não compre uma casa maior do que você precisa só para se mostrar. Você logo vai descobrir que necessitará de mais empregados, mais móveis, mais tudo. Além disso, terá que se esforçar para manter as aparências – coisa que não aconteceria se você vivesse confortavelmente num lugar mais simples.

Não viva no limite do seu orçamento, levando sua esposa a acreditar que vocês têm muito dinheiro. Se ela não tem conhecimento da real situação financeira da família, não pode fazer o que é melhor para vocês.

É injusto delegar à sua esposa a tarefa de economizar. Você também pode ajudar, comprando menos uísques e cigarros e evitando andar de táxi, por exemplo. Basta querer.

Não desperdice os melhores anos da sua vida pensando apenas em ganhar dinheiro. Aproveite sua vida e preencha-a com a presença de sua família. Deixe a necessidade de ganhar dinheiro em seu devido lugar – um lugar importante, mas não no centro de seus pensamentos.

Não peça a sua esposa que financie um investimento com o dinheiro que ela economizou para si. Suas intenções podem ser as melhores do mundo, mas ela não vai perdoá-lo se o tal investimento se provar insatisfatório. Não mexa nas economias dela.

Mantenha contas bancárias independentes. O seu dinheiro e o dela não são a mesma coisa. Deixe que sua esposa tenha uma conta só dela. Assim, ela estará sempre consciente da própria situação financeira e poderá fazer o que bem entender com o que lhe cabe.

Jamais se permita pensar que o casamento atrapalhou sua carreira, imaginando que, se você não tivesse esposa e filhos para sustentar, as coisas teriam sido diferentes. Em vez disso, pense na felicidade que você deixaria de viver ao longo de todos esses anos se não fossem eles.

Nunca brigue com a sua esposa se ela gastar dinheiro comprando algo para você. Um grande homem sabe receber agrados. Se você realmente se preocupa com a felicidade dela, deixe que ela faça coisas para você de vez em quando e aceite os presentes com alegria.

V. ADMINISTRAÇÃO DA CASA

Não interfira na administração doméstica. Nada aborrece mais os empregados do que o marido da patroa se metendo nos detalhes da casa.

Não se esqueça de que você é o dono da casa, mas encare sua esposa como a dona.

Não zombe da comida que sua esposa prepara, do modo como ela joga cartas ou canta. Na verdade, não ridicularize nada do que ela faz. Essa simples atitude evita uma animosidade da qual seria difícil se livrar.

Deixe sua sogra em paz. Se você souber lidar com ela, poderá vê-la não apenas como uma mulher interessante, mas como uma grande amiga.

Não tiranize os empregados. Um trabalho feito de má vontade nunca é bom. Uma palavra gentil ou um sorriso podem fazer maravilhas, além de poupar aborrecimentos à sua esposa.

Esqueça a ideia de que não há nada para fazer em casa e que, por isso, sua esposa nunca deveria estar ocupada ou cansada. Você passa algumas horas no escritório e depois vai embora, voltando para lá apenas no dia seguinte. Mas o trabalho de uma mulher casada só termina na hora de dormir – e, na cama, ela ainda fica acordada pensando nas coisas que deixou de fazer.

Tente não reclamar da falta de organização da sua esposa, mesmo que você seja um homem metódico. Seria mais fácil, e geraria menos conflitos, se você silenciosamente fosse recolocando no lugar as coisas que ela deixou espalhadas. Se a desorganização for uma característica intrínseca à personalidade dela, não haverá reclamação que dê jeito.

Não pense que as mulheres não podem ficar entediadas em casa porque sempre há muito que fazer. De fato há, mas algumas esposas não conseguem suportar a monotonia da rotina.

Não deixe sua esposa sentir que não existe um canto da casa que seja só dela. Se há apenas um escritório, divida com ela. Ou, pelo menos, reserve uma escrivaninha ou um gaveteiro só para ela.

Não seja grosseiro se as preocupações de sua esposa parecerem fúteis. Você nunca tentou comandar uma casa com empregados cansativos e crianças doentes, e não pode imaginar como isso é trabalhoso. Você pode diminuir a irritação dela com um pouco de solidariedade ou pode piorá-la fingindo que não existe problema algum.

Não pense que seus problemas de trabalho são mais importantes do que os da sua esposa. Ela também tem suas preocupações, que são tão reais para ela quanto as suas são para você.

Mesmo que você tenha tido uma infância infeliz ou que seus filhos já tenham se casado, não abandone o seu lar para morar em pensões ou hotéis. As conveniências e os serviços oferecidos por esses locais não chegam aos pés de sua própria casa. Apesar de todas as imperfeições, ela é sua e lá você pode agir como quiser.

Ajude sua esposa nas tarefas da casa quando vocês estiverem sem empregados. Não lhe fará mal algum aprender a limpar seus próprios sapatos. Tenha certeza de que, nessas circunstâncias, sua mulher também fará coisas que não costuma fazer.

Tome cuidado para que sua esposa não se torne uma simples máquina de arrumar a casa. Se ela não quer expandir seus horizontes, pense em como você pode ajudá-la. Provavelmente ela só precisa de um pouquinho de incentivo para sair da mesmice.

Não se comporte como um professor dentro de casa. Sua esposa não é uma colegial que tem que seguir as regras criadas por você.

O caráter é mais importante do que o temperamento. Se sua esposa é verdadeira, o resto não importa.

Cultive seu senso de humor. Ele vai salvá-lo de situações difíceis em casa.

Não mostre seu pior lado em casa. Você precisa ter mais consideração por sua esposa e seus filhos do que por estranhos. Você pode ficar horas na companhia de outras pessoas, mas vai passar a vida toda com sua família. E é a sua conduta que vai definir se a convivência doméstica vai fazê-lo feliz ou infeliz. Deixe que sua mulher e as crianças aproveitem suas melhores qualidades.

VI. LAZER

Não seja egoísta recusando-se a sair à noite com sua esposa só porque você já viu gente de mais durante o dia. Lembre-se de que ela ficou em casa e que uma mudança de ares vai fazer muito bem à sua companheira.

Se ela o convidar para ir ao teatro, não fique de má vontade. Mesmo que você não goste do programa, mostre que o convite foi uma surpresa agradável. Ela vai ficar feliz.

Não passe todas as noites no clube com seus amigos enquanto sua esposa fica sozinha em casa, contando as horas para você chegar.

É inútil dizer à sua esposa que não precisa ficar acordada à sua espera. Você sabe muito bem que ela não consegue dormir até ter certeza de que você chegou bem.

Não insista para que ela esteja sempre em casa quando você chega. Sua esposa vai gostar de estar lá para recebê-lo, mas, se você tentar fazer disso uma regra, ela vai encarar como obrigação.

Não ache que, agora que vocês têm filhos, sua esposa não vai mais ter tempo de sair com você, como fazia nos primeiros anos de relacionamento. Convide-a; não por obrigação, mas porque você realmente deseja sua companhia. Com certeza ela vai dar um jeito de acompanhá-lo.

Não deixe para avisar à sua esposa em cima da hora que você precisa ir até o outro lado do país e deseja levá-la junto. Essa poderia ser uma ótima notícia, se as malas não levassem tanto tempo para serem arrumadas. Além disso, existem diversas questões relativas à casa e às crianças que não podem ser resolvidas de uma hora para outra.

Não pense que você vai deixar de fazer caminhadas ou andar de bicicleta só porque agora é casado. Convide sua esposa para acompanhá-lo. Se você desacelerar o ritmo, diminuir a distância percorrida e carregar uma mochila um pouco mais pesada, vocês dois poderão fazer deliciosas caminhadas juntos. Se ela gostar de andar de bicicleta, pare de pensar nas trilhas que você fazia e imagine os lugares charmosos que poderão descobrir. Você não vai encontrar melhor parceiro do que ela.

Não se recuse a jogar tênis ou sinuca com sua esposa porque ela não consegue acertar a bola. Se ela joga mal, mostre como melhorar. Ela certamente não irá aprender se for sempre deixada de lado.

Você acha chato passear de bicicleta com sua esposa porque ela anda muito devagar? Reduza um pouco a velocidade das pedaladas e sua companhia vai dar a ela um grande prazer. O andar lento é um dos segredos da longevidade feminina. Leve-a com você e aproveite para cuidar de suas artérias e evitar o envelhecimento precoce.

Não se preocupe demais com sua esposa. Ela pode cuidar de si mesma melhor do que você imagina e detesta vê-lo nervoso.

Não se acomode como um "velho homem casado" enquanto ainda está no auge da vida. Leve sua mulher para passear, dê festas, visite os amigos. Você vai se manter mais jovem assim do que se ficar em casa usando roupão e chinelos.

Não repreenda sua esposa por passar muito tempo lendo. Ao contrário, ajude-a a encontrar um bom romance e deixe que ela se esqueça de suas preocupações ao se dedicar durante uma ou duas horas à leitura. Mas jamais assuma um ar professoral. Ela não vai suportar isso.

Se sua esposa quiser ler um livro acadêmico, não a desestimule só porque você não se interessa por ele. Gosto não se discute. E ela não vai se tornar uma intelectual chata apenas porque prefere não ser ignorante.

Não diga à sua mulher que ela não precisa de um dia de folga porque fica o tempo todo em casa, ao contrário de você, que tem que sair para trabalhar. Lembre-se de que não há novidades na vida de sua esposa (exceto pelos variados problemas domésticos) e ela necessita de distração tanto quanto você.

Não volte de uma viagem exausto e exigindo os cuidados de sua esposa. Esse tipo de férias é inútil. Viaje, sim, mas não se esgote correndo o tempo todo de uma atração turística para outra.

Não alugue uma casa para o verão, a menos que sua família seja tão grande que precise de uma. Sua esposa não descansará se tiver que fazer todo o trabalho doméstico – e em condições piores do que em sua própria casa. Se isso for necessário, faça, mas leve-a para um hotel em outra ocasião, para compensá-la.

Desista da ideia de dar folga aos empregados durante as férias da família. Você não é a única pessoa envolvida e a estadia na casa de praia não terá a menor graça para a sua esposa se ela tiver que ficar presa à casa e às crianças enquanto você pesca ou joga futebol. Ela certamente também gostaria de se divertir se tivesse chance.

Evite reclamar toda vez que sua esposa convidar alguém para visitar sua casa. A alegria dela deixará de existir se souber que você está incomodado. E essa atitude é ruim para você também, pois nada envelhece mais do que se tornar um eremita.

Aprenda a dançar assim que você se casar, caso ainda não saiba. Sua esposa vai perder metade do prazer se você não fizer par com ela no baile.

VII. SAÚDE

Não fique impaciente se sua esposa sofrer de enxaqueca, nevralgia ou qualquer outra doença. Só porque a *sua* saúde é perfeita, você não tem que ser insensível. Mas, por outro lado...

... não paparique sua esposa toda vez que ela estiver com o dedinho do pé doendo, levando-a a pensar em si mesma como uma coitadinha quando não há nada de errado com a saúde dela.

Controle os impulsos histéricos de sua mulher. Você não precisa ser indelicado, mas pode repreender os ataques dela.

Não deixe que sua esposa fique gravemente doente por não insistir que ela vá ao médico. Algumas mulheres imaginam que estão sempre doentes, mas outras nunca acreditam que estão mal até darem o último suspiro. Os maridos precisam ficar de olhos abertos.

Evite mergulhar na água fria se você não estiver bem-disposto, para que não venha a passar o resto do dia tremendo e se sentindo péssimo.

Não seja teimoso a ponto de negar-se a vestir o casaco numa manhã nublada. Se, após ter enfrentado uma chuva a caminho do trabalho e ficado com as roupas molhadas o dia inteiro, você pegar um terrível resfriado, pelo menos poupe sua esposa de vê-lo chegar manhoso e irritadiço.

Não seja neurótico em relação à sua própria saúde. Se você realmente estiver se sentindo mal, consulte um médico. Não provoque ansiedade em sua esposa à toa, cogitando a vaga possibilidade de haver algo errado com você.

Não crie o hábito de se deitar depois da meia-noite e acordar tarde na manhã seguinte. Tenha uma boa noite de sono.

Não seja radical, exagerando no trabalho ou na diversão. Você não vai conseguir manter um ritmo descontrolado por muito tempo.

VIII. ROUPAS

Não reclame de sua esposa ter comprado um vestido novo porque você acha que ela não precisava de um. Você não sabe o trabalho que ela teve para aparentar – para as outras pessoas – que realmente não precisava. Mas ela sabe.

Da mesma forma, não diga que sua esposa não precisa de um novo chapéu porque não há nada errado com o que ela está usando. Você provavelmente esqueceu que ele é da coleção retrasada. Mas ela não.

Não se esqueça de comprar para sua esposa um par de sapatos de vez em quando. Ela vai adorar o presente.

Evite usar um corte de cabelo ou estilo de bigode que você sabe que ela detesta. Adote o visual que mais a agrada.

Não insista em usar aquele casaco surrado quando receber pessoas em sua casa. Se sua roupa faz sua esposa se sentir incomodada, não custa nada trocar, mesmo que isso o aborreça.

Não se vista com desleixo só porque deixou de ser jovem. Nada melhor do que parecer mais bonito para compensar os efeitos da idade.

Fique atento para não se vestir de qualquer jeito. Na preocupação de fazê-lo sair de casa na hora, talvez sua esposa não perceba que você está usando meias velhas. No entanto, ela notará isso à noite e ficará com a consciência pesada, imaginando quanta gente deve ter observado esse detalhe durante o dia. Ela faz o melhor que pode, mas não espere que ela vista você.

Não recuse uma sugestão de sua esposa sobre como você deve se vestir. Em geral, as mulheres entendem mais de moda masculina do que os próprios homens.

Não tente fazer com que sua esposa continue usando as roupas que usava dez anos atrás. Alguns homens podem não gostar das mudanças da moda, mas nenhuma mulher quer se vestir como se tivesse acabado de sair da Arca de Noé.

Não seja tão desatento à maneira como sua esposa se veste a ponto de ela poder sair usando um saco de batatas sem que você note. É muito desestimulante para uma mulher perceber que seu marido não se importa com a aparência dela.

IX. HOBBIES

Não gaste todo o seu dinheiro no jardim só porque é o seu hobby. Deixe sobrar alguma coisa para a casa, que, por acaso, é o hobby da sua esposa.

Não abra mão de ter seus passatempos. Isso vai lhe dar algo para fazer quando sua esposa estiver ocupada ou você estiver nervoso. Você vai se sentir um homem diferente durante algumas horas.

Não separe seus interesses dos de sua esposa mais do que o necessário. Cuidem da casa, trabalhem, conversem e planejem tudo juntos – vocês vão se tornar mais companheiros a cada ano.

Nunca deixe de incentivar sua mulher a aprender outras línguas, participar de rodas de leitura ou ter aulas de canto ou dança. Permita que ela faça as atividades que quiser e fique grato por ela encontrar tantas coisas que a interessam. Ela se tornará uma companhia bem melhor do que seria uma dona de casa enclausurada.

Não desista do futebol, do tênis ou qualquer outro esporte que esteja acostumado a fazer só porque se casou. A atividade física vai evitar que você fique flácido. É claro que o ideal é praticar um esporte junto com sua esposa. Mas se isso não for possível, ela não será tão egoísta a ponto de querer que você desista de uma atividade saudável por causa dela. Mas lembre-se de suas responsabilidades. Não exagere.

Evite cultivar um hobby em que você se divirta e sua esposa faça o trabalho duro. Se você gosta de jardinagem, não amarre uma rosa aqui, outra ali, enquanto ela tira todas as ervas daninhas. Se gosta de criar pássaros, não exija que ela se ocupe da alimentação dos animais e da limpeza das gaiolas. Se seu hobby for fotografia, não reduza seu trabalho a tirar as fotos e ganhar todo o crédito enquanto ela se encarrega da revelação.

Um homem tem que cuidar de suas próprias ferramentas. Não atribua à sua esposa a tarefa de limpar e guardar seus instrumentos de carpintaria e jardinagem.

Não se oponha se sua esposa quiser frequentar algum grupo que você não aprove. Exponha seus argumentos e, se ela não achá-los convincentes, deixe-a livre para seguir seu coração. Ela tem o direito de ter suas próprias opiniões e não há motivo para briga por causa disso.

Não tente controlar a disposição de sua esposa para frequentar ou não a igreja. Essa é uma questão que ela tem que decidir sozinha. Você deve deixá-la totalmente livre, sejam quais forem suas opiniões a respeito.

Não deixe que qualquer hobby o absorva a ponto de você dedicar a ele todo o tempo que passa em casa, especialmente se for algo de que sua esposa não possa participar. Reserve alguns momentos para ela.

Se seu hobby for música, não pratique violino, violoncelo, flauta, trombone ou qualquer outro instrumento que você ache interessante no meio da sala o dia inteiro. Sua esposa pode até gostar de música, mas não é justo submetê-la a tanta prática. Ela não vai conseguir se concentrar num livro enquanto seus ouvidos forem torturados por notas desafinadas. Treine na garagem ou no porão e toque na sala apenas quando quiser agradá-la.

Mas se seu passatempo preferido for algo arriscado, seja cuidadoso. Sua esposa não quer que você seja um covarde, mas tem o direito de esperar que você não corra riscos desnecessários.

X. COMIDA

Não tenha o hábito de reclamar das refeições, levando sua esposa a acreditar que nunca será capaz de agradá-lo. Depois de um tempo, ela vai parar de tentar satisfazê-lo e, acredite, vai ser muito pior para você.

Não seja exigente demais em relação à comida. Se não é possível contratar uma cozinheira profissional, não peça pratos elaborados. Caso contrário, sua esposa vai passar muito tempo na cozinha e se sentará à mesa sempre cansada e afobada. Ou então não conseguirá preparar a comida de modo satisfatório. E, em ambos os casos, vai haver discórdia.

Não chegue a qualquer hora esperando encontrar seu jantar na mesa. Ele estava lá na hora em que você *disse* que iria chegar e pode já não estar tão apetitoso uma ou duas horas depois. Sua casa não é um clube ou um hotel.

Não acorde tarde demais de forma que não possa tomar um café da manhã decente antes de começar seu dia de trabalho. Isso fará mal para você e para sua esposa, que ficará preocupada com sua saúde.

Não insista em consumir alimentos indigestos só porque você gosta, nem culpe as receitas de sua esposa se seu fígado começar a reclamar.

Tome cuidado para não dar à sua esposa a impressão de que a comida é a finalidade e o sentido de sua existência. Aprecie a refeição, mas não faça dela um fetiche.

Evite insistir em ter gorgonzola ou outros queijos fortes à mesa se você sabe que o cheiro faz sua esposa passar mal. É um sacrifício muito pequeno se comparado ao bem-estar dela.

Não fale de coisas desagradáveis à mesa. Termine sua refeição, tentando banir as preocupações de seu pensamento enquanto come. Caso contrário, não apenas sua comida como também o humor de sua esposa vão ficar bem indigestos.

XI. FILHOS

Jamais diga às crianças algo que diminua a estima que elas têm pela mãe.

Não deixe que sua esposa se dedique tanto aos filhos a ponto de deixá-lo de lado. Ela não fará isso de propósito, mas você precisa mostrar a ela que ainda é seu marido, seu amante, e espera ser tratado como tal.

Não despreze seus filhos quando eles lhe pedirem ajuda nos estudos. Ajude com prazer se estiver apto e, se não, fale a verdade.

Não diga simplesmente "Pergunte à sua mãe" quando você não quiser ser importunado pelas crianças. É provável que ela também não queira.

Não responda "Essa não é minha especialidade" quando sua esposa pedir uma opinião sua sobre os filhos. Essa *tem que ser* sua especialidade também.

Não esteja sempre cansado demais para brincar com seus filhos. Eles precisam sentir que têm um pai, assim como têm uma mãe.

Não se esqueça de dar o exemplo às crianças para que sejam cuidadosas com a mãe. Elas logo vão aprender a poupá-la se perceberem que você faz o mesmo.

Cuidado para não cobrar demais a atenção de sua esposa nos primeiros anos de seus filhos. Se você ajudá-la com as crianças, vai trazer mais felicidade para sua vida e não perderá os momentos que ela dedicava exclusivamente a você.

Não deixe nas costas de sua esposa toda a responsabilidade da educação e da criação dos filhos de vocês. Discuta as dificuldades com ela e chegue a um acordo sobre a melhor maneira de agir em cada situação.

Faça com que as crianças não temam você. O amor, e não o medo, é a chave para a construção da personalidade delas.

Não seja estraga prazeres. Em muitas casas, as risadas e conversas cessam imediatamente quando o primeiro passo do pai é ouvido. Isso está errado. As crianças precisam saber que você fica feliz quando elas se divertem.